RECEITAS PARA DIVIDIR COM AMIGOS

FINGER FOOD

CB012912

Agradecemos a participação de Dante Stéfano,
Ana e Pedro González Victorica nas fotografias.

Finger food. Receitas para dividir com amigos
Pía Fendrik

Primeira edição.

R. Adib Auada, 35 Sala 310 Bloco C
Bairro: Granja Viana - CEP: 06710-700
Cotia – São Paulo.
E-mail: infobr@catapulta.net
Web: www.catapulta.net

Fotografias: Ángela Copello
Estilismo da fotografias (p. 10-11, 30-31 e 48-49):
Jorge O. León
Coordenação editorial: Florencia Carrizo
Tradução: Carolina Caires Coelho
Revisão: Laila Guilherme
Design e diagramação: Verónica Álvarez Pesce

ISBN 978-85-92689-74-2

Impresso na China em julho de 2019.

Fendrik, Pía
   Finger food : receitas para dividir com amigos /Pía Fendrik ; [tradução Carolina Caires Coelho]. --Cotia, SP : Catapulta, 2019.

   Título original: Finger food : recetas para compartir.
   ISBN 978-85-92689-74-2

   1. Crianças - Culinária 2. Culinária (Receitas) - Literatura infantojuvenil 3. Literatura infantojuvenil I. Coelho, Carolina Caires. II. Título.

19-27576   CDD-028.5

Índices para catálogo sistemático:
  1. Receitas culinárias : Literatura infantojuvenil
     028.5

Iolanda Rodrigues Biode - Bibliotecária - CRB-8/10014

©2019, Pía Fendrik
©2019, Catapulta editores Ltda.

Livro de edição brasileira.

Nenhuma parte desta obra poderá ser reproduzida, copiada, transcrita ou mesmo transmitida por meios eletrônicos ou gravações sem a permissão, por escrito, do editor. Os infratores estarão sujeitos às penas previstas na Lei nº 9.610/98.

RECEITAS PARA DIVIDIR COM AMIGOS

FINGER FOOD

Pía Fendrik

SUMÁRIO

FINGER FOOD 7

PIQUENIQUE 10
- Rolinhos de atum 13
- Nuggets de frango 17
- Salada tricolor 21
- Superbiscoitos 25

FESTA DO PIJAMA 30
- Pãezinhos para hambúrguer 33
- Minipizzas 37
- Tortinhas de cenoura 41
- Banana split 45

SNACKS SAUDÁVEIS 48
- Homus, guacamole e maionese de cenoura 51
- Tortinha caprese 57
- Espetos de frutas 61
- Barrinhas de cereal 65

RECEITAS PARA DIVIDIR COM AMIGOS

Um livro com 12 receitas para você aprender a preparar pratos simples para compartilhar.

Uma comemoração, uma festa do pijama, um piquenique, o recreio na escola... Há um prato para cada ocasião: doce ou salgado, mas fácil de comer e ideal para dividir.

Surpreenda seus amigos e familiares com uma das 12 receitas criadas pela cozinheira argentina Pía Fendrik.

Barrinhas de cereal
Nuggets de frango
Tortinhas
Superbolachas
e muito mais

Receitas superfáceis e irresistíveis para deixar todo mundo com vontade de provar um pouco de cada prato. Com poucos ingredientes e muita criatividade, todos ficarão lambendo os dedos.

Este livro
traz:

1 FÔRMA PARA TORTINHA
1 PINCEL
1 COLHER DE SORVETE
2 CORTADORES

Estes utensílios só estão incluídos no formato caixa.

5 conselhos
para que seus pratos sejam um sucesso:

1 Antes de começar a cozinhar, verifique se você tem todos os ingredientes necessários.

2 Respeite as quantidades e medidas indicadas nas receitas. Para isso, sempre utilize um copo medidor ou uma balança de alimentos, se tiver.

3 Siga a ordem dos passos indicados em cada receita. Assim, o sucesso de seus pratos será garantido.

4 Mantenha a superfície de trabalho e os utensílios sempre limpos.

5 Elabore seus pratos com muita dedicação e amor. Seus convidados notarão.

Leia estas orientações
ao lado de um adulto:

1 Peça a ajuda de um adulto responsável toda vez que for cozinhar.

2 Lave sempre as mãos antes de mexer nos alimentos. Lave sempre as verduras e frutas antes de utilizá-las em seus pratos.

3 Utilize luvas ou panos de cozinha sempre que precisar pegar algo quente, para evitar queimaduras.

4 Use sempre sapatos fechados, para evitar cortes ou queimaduras nos pés.

5 Utilize um avental de cozinha para não manchar sua roupa.

6 Se utilizar algum eletrodoméstico, tire-o da tomada assim que terminar de usá-lo.

7 Use uma tábua para legumes e outra para carnes. E não se esqueça de lavar os utensílios depois de usá-los.

8 Fique atento à data de vencimento que aparece nas embalagens dos ingredientes que serão usados.

9 ♦ este símbolo localizado na parte superior das páginas indica quais passos exigem o uso do fogão, do forno convencional ou do forno de micro-ondas, e você deve usá-los sob a supervisão de um adulto.

10 Quando utilizar o fogão, ocupe primeiro as bocas de trás. Se ocupar as bocas da frente, é importante tomar cuidado para que os cabos de panelas e frigideiras não fiquem virados para fora. Assim, você evitará derrubá-las ao circular pela cozinha.

PIQUENIQUE

• PARA 4 ROLINHOS •

INGREDIENTES

- 1 cebola média
- ½ pimentão vermelho
- Azeite de oliva a gosto
- 1 cenoura pequena ralada
- 40 folhas de espinafre (bem lavadas e secas)
- 1 lata de atum conservado em água
- 50 g de queijo parmesão ralado
- 4 retângulos de massa folhada
- 1 ovo para pincelar os rolinhos
- Sementes de gergelim a gosto
- Sal e pimenta

passos 1, 2, 4

1

Pique a cebola e o pimentão. Em uma frigideira pequena, espalhe um pouco de azeite de oliva. Refogue tudo com sal e pimenta por 5 minutos.

2

Em seguida, acrescente a cenoura ralada e refogue por mais 3 minutos. Por último, acrescente o espinafre picado e refogue por mais 1 minuto. Retire do fogo. Quando a mistura estiver morna, acrescente o atum e o queijo ralado.

PIQUENIQUE

3

Quando o recheio estiver frio, coloque uma colher em cada retângulo de massa folhada. Dobre os quatro lados para dentro e forme um rolo com cada retângulo.

4

Pincele os rolinhos com o ovo batido. Espalhe as sementes de gergelim por cima e leve ao forno a 180 °C, até a massa ficar dourada.

PIQUENIQUE

PIQUENIQUE

• PARA 6 PORÇÕES •

INGREDIENTES

- 3 peitos de frango
- 3 ovos
- 1 colher de sopa de mostarda
- 1 colher de sopa de orégano fresco picado
- 2 xícaras de farinha de rosca
- Óleo de girassol a gosto para fritar ou assar
- Sal
- Pimenta

1

Corte o frango em cubos grandes (de 5 cm de espessura). Tempere com sal e pimenta.

2

Em uma tigela, bata os ovos e acrescente a mostarda e o orégano fresco picado. Misture bem.

18 PIQUENIQUE

passo 4

3

Mergulhe os cubos de frango na mistura de ovos e cubra-os com a farinha de rosca. Repita esse passo mais uma vez.

4

Frite os cubos de frango em azeite quente ou leve-os ao forno em uma travessa com um pouco de óleo de girassol a 210 ºC até que fiquem dourados.

PIQUENIQUE 19

PIQUENIQUE

Salada TRICOLOR

• PARA 6 PORÇÕES •

INGREDIENTES

- ½ maço de alface
- 1 lata de milho verde
- 3 abacates
- 1 xícara de tomate-cereja
- 4 fatias de pão de fôrma
- 1 colher de sopa de vinagre
- 1 colher de café de sal
- 1 pitada de pimenta
- 1 colher de café de mostarda
- 2 colheres de sopa de manjericão fresco picado
- 3 colheres de sopa de azeite de oliva ou de óleo de girassol

passo 2

1

Rasgue as folhas de alface com as mãos e as disponha no fundo dos vidros. Em seguida, distribua os tomates cortados ao meio, o milho e os abacates cortados em cubinhos.

2

Corte as fatias de pão em cubos de 2 cm de espessura, aproximadamente. Coloque os cubos em uma assadeira e leve ao forno com um fio de azeite de oliva ou de óleo de girassol. Asse-as a 220 °C até ficarem douradas. Em seguida, deixe que esfriem e reserve.

3

Em uma tigela pequena, misture o vinagre com o sal, a pimenta, a mostarda e o manjericão e, em seguida, acrescente as 3 colheres de azeite. Ou, se preferir, leve à mesa todos os ingredientes separadamente, para que cada convidado tempere a salada a seu gosto na hora de comer.

4

Depois de temperada, é possível finalizar cada porção de salada com os cubos de pão dourados. Em vez de vidros, também é possível servir a salada em um prato ou tigela, deixando o tempero na tigela, no centro da mesa.

PIQUENIQUE

SUPER *Biscoitos*

• PARA 12 BISCOITOS •

INGREDIENTES

- 400 g de farinha de trigo
- 200 g de manteiga em temperatura ambiente
- 100 g de açúcar de confeiteiro
- 1 ovo
- 1 fio de água fria

PARA DECORAR

- 500 g de pasta americana
- 100 g de açúcar de confeiteiro (para o glacê)
- Corantes para massas de diversas cores

1

No processador, misture a farinha com a manteiga e o açúcar de confeiteiro.

2

Processe até obter uma mistura aerada. Em seguida, acrescente o ovo e a água e continue processando.

3

Assim que obtiver uma massa homogênea, envolva-a em filme plástico e deixe-a na geladeira por 30 minutos.

4

Abra a massa em uma superfície enfarinhada até que fique com 3 mm de espessura. Com um cortador de 10 cm de diâmetro, corte círculos para formar os biscoitos.

passo 5

5

Asse os biscoitos em uma fôrma limpa a 180 ºC durante 20 minutos, ou até que fiquem levemente dourados.

6

Para decorar seus biscoitos, abra a pasta americana em uma superfície coberta por açúcar de confeiteiro, até que fique com 3 mm de espessura. Com o mesmo cortador usado antes, corte discos dessa massa e reserve-os.

7

Prepare um glacê misturando 100 g de açúcar de confeiteiro com uma colher de café de água. Com uma colher ou um saco de confeiteiro, aplique o glacê no contorno dos biscoitos.
Em seguida, pressione sobre eles os discos de massa de pasta americana que você reservou.

8

Acrescente um pouco de corante de sua preferência ao restante da massa e faça os olhos, o nariz e a boca e prenda-os aos biscoitos com o glacê. Você também pode decorá-los com confeitos coloridos ou frutas secas.

PIQUENIQUE

FESTA DO PIJAMA

• PARA 16 PÃES •

INGREDIENTES

• 350 g de farinha de trigo
• 5 g de sal
• 10 g de açúcar
• 5 g de fermento fresco ou 20 g de fermento seco
• 40 ml de leite morno
• 2 ovos
• 50 g de manteiga
• 100 ml de água
• Sementes de gergelim

1

Em uma tigela grande, coloque a farinha com o sal e o açúcar dispostos com um círculo aberto no meio.

2

Acrescente no centro o fermento (se for o fresco, bem amassado), o leite, um ovo, a manteiga e a água. Misture todos os ingredientes muito bem até conseguir uma massa lisa e elástica.

passo 4

3
Cubra a tigela com filme plástico e deixe a massa descansar até duplicar de tamanho.

4
Volte a amassar a massa e divida-a em 16 porções. Forme bolinhas e coloque-as em uma assadeira, separadas umas das outras. Deixe-as descansar de novo em um lugar quente até duplicar de tamanho. Pincele as massas com o ovo restante e espalhe as sementes de gergelim. Leve-as ao forno à temperatura de 180 ºC por 15 minutos, até que fiquem douradas.

Hambúrguer

500 g de carne moída • 1 colher de sopa de água
20 g de sal • 2 colheres de sopa de salsa picada
1 colher de sopa de mostarda

Em uma tigela, misture bem todos os ingredientes. Faça bolinhas e amasse-as. Leve-as ao forno em uma fôrma antiaderente bem quente até que fiquem bem assadas.

FESTA DO PIJAMA

FESTA DO PIJAMA

MINI Pizzas

• PARA 20 MINIPIZZAS •

INGREDIENTES

- 500 g de farinha de trigo
- 15 g de sal
- 3 g de fermento em pó
- 1 colher de sopa de açúcar
- 100 ml de leite em temperatura ambiente
- 250 ml de água morna
- 200 g de molho de tomate
- 250 g de queijo muçarela
- Orégano

1

Em uma tigela grande, forme uma coroa com farinha e sal.

2

No centro, coloque o fermento, o açúcar, o leite e a água. Misture tudo até integrar todos os ingredientes e forme uma massa lisa e homogênea.

passo 4

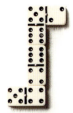

3

Divida a massa em 20 bolinhas e deixe-as descansar sobre uma tábua coberta com filme plástico por 15 minutos.

4

Abra essas bolinhas de massa até formar minipizzas de 10 a 12 cm de diâmetro e coloque-as em uma assadeira com um fio de azeite como base. Acrescente o molho, o queijo e um pouco de orégano e leve ao forno a 220 °C durante 15 minutos, aproximadamente. Para finalizar, acrescente rodelas de tomate, folhas de manjericão ou presunto picado.

FESTA DO PIJAMA 39

FESTA DO PIJAMA

Tortinhas de Cenoura

• PARA 8 TORTINHAS •

INGREDIENTES

- 3 cenouras médias
- 2 colheres de sopa de salsinha
- 100 g de milho
- 1 colher de sopa de cebolinha picada
- 2 ovos
- 2 colheres de sopa de farinha com fermento
- 100 g de queijo parmesão ralado
- Sal
- Pimenta

1

Rale as cenouras e reserve-as. Corte ou pique a salsinha (como preferir).

2

Coloque todos os ingredientes em uma tigela grande e misture-os bem. Tempere com sal e pimenta.

FESTA DO PIJAMA

passo 4

3

Coloque a mistura a colheradas em aros de metal de cerca de 7 cm de diâmetro e pressione bem com a colher, para que a mistura fique bem compacta.

4

Depois de formadas as tortinhas, retire os aros de metal e frite-as dos dois lados em uma frigideira antiaderente com algumas gotas de azeite de oliva.

FESTA DO PIJAMA

FESTA DO PIJAMA

Banana SPLIT

• PARA 4 PORÇÕES •

INGREDIENTES

- 200 g de chocolate ao leite
- 50 g de manteiga
- 4 bananas
- 500 g de sorvete de creme
- 8 bolachas de chocolate
- 50 g de chocolate granulado
- 12 morangos

passo 2

1

Para este prato, é importante que você tenha todos os ingredientes prontos antes de começar a montagem.

2

Coloque o chocolate picado e a manteiga em uma panela pequena. Leve ao fogo médio e não mexa enquanto o chocolate e a manteiga não derreterem. Quando retirar do fogo, misture tudo até obter uma calda. Reserve.

FESTA DO PIJAMA

3

Descasque e corte a banana no sentido do comprimento. Lave os morangos, tire o cabinho e corte-os pela metade também.

4

Para cada porção, coloque uma banana cortada pela metade em um prato e acrescente três bolas de sorvete no meio. Em seguida, acrescente as bolachas e alguns morangos nas laterais.
Termine despejando a calda de chocolate que estava reservada e decore com o chocolate granulado.

FESTA DO PIJAMA

SNACKS SAUDÁVEIS

Homus, GUACAMOLE E maionese DE CENOURA

• PARA 8 PORÇÕES •

HOMUS

220 g de grão-de-bico cozido • 100 ml de azeite de oliva
50 ml de água • suco de 1 limão • sal • pimenta
páprica • 1 pitada de alho em pó ou picado
1 fio de azeite de oliva para decorar

GUACAMOLE

3 abacates • suco de 1 limão • 1 pitada de pimenta
sal • ½ tomate • 1 colher de sopa de azeite de oliva
¼ de cebola roxa • 1 colher de coentro picado

MAIONESE DE CENOURA

2 cenouras grandes • 100 g de requeijão
suco de 1 laranja • 2 colheres de sopa de azeite de oliva
1 colher de café de cúrcuma • sal • pimenta
1 colher de café de sementes de gergelim preto para decorar

Homus

1

Coloque todos os ingredientes no processador e misture-os até obter uma pasta.

2

Faça uma bola pequena com o homus e decore com a páprica e um fio de azeite de oliva. Para conservá-lo por até 3 dias na geladeira, cubra-o com filme plástico que fique em contato direto com o homus.

Guacamole

1

Corte os abacates pela metade e retire os caroços. Com uma colher, retire a polpa e coloque-a em uma tigela. Depois, acrescente o suco de limão, o sal e a pimenta e amasse tudo com um garfo.

2

Acrescente o tomate cortado em cubos bem pequenos, o azeite, a cebola bem picadinha e o coentro picado. Misture e despeje tudo na tigela menor. Opcionalmente, decore com folhinhas de coentro.

SNACKS SAUDÁVEIS

passo 1

Maionese de cenoura

1

Cozinhe as cenouras em uma panela cheia de água e sal até que fiquem macias. Retire-as e, quando estiverem frias, processe-as com o resto dos ingredientes para fazer a maionese.

2

Coloque a maionese em uma tigela e decore com as sementes de gergelim. É possível mantê-la na geladeira por até 3 dias se estiver coberta com filme plástico em contato direto com a maionese.

SNACKS SAUDÁVEIS

Nachos
SAUDÁVEIS

🔥 Corte a massa de milho em triângulos e leve-os ao forno a 180 °C por 10 minutos, até que fiquem crocantes. Quando estiverem frios, sirva os nachos com os molhos e palitos de cenoura, para que todos possam molhá-los neles. Tomates-cereja completam essa deliciosa apresentação.

SNACKS SAUDÁVEIS

Tortinhas CAPRESE

• PARA 6 TORTINHAS •

INGREDIENTES

PARA A MASSA

- 300 g de farinha
- 150 g de manteiga em temperatura ambiente
- sal
- 1 ovo

PARA O RECHEIO

- 200 g de queijo fresco cortado em cubos
- 150 g de tomates cereja cortados em 4 partes
- 25 folhas de manjericão picadas
- 3 ovos
- 50 g de queijo parmesão ralado
- 200 ml de creme de leite
- Sal
- Pimenta

1

Em um processador, coloque a farinha com a manteiga e o sal. Processe tudo até obter uma mistura. Acrescente o ovo e continue processando até formar uma massa. Envolva-a com filme plástico e leve-a à geladeira por 30 minutos.

2

Abra a massa sobre uma superfície enfarinhada até que fique com 3 mm de espessura. Corte 6 discos com um cortador de 12 cm de diâmetro e outros 6 discos com um de 10 cm de diâmetro. Forre fôrmas de torta de 10 cm de diâmetro com os discos de massa grandes.

58 SNACKS SAUDÁVEIS

passo 4

3

Em uma tigela, coloque o queijo fresco, os tomates e o manjericão. Acrescente os ovos, o queijo ralado e o requeijão e misture bem. Tempere com sal e pimenta. Despeje o recheio nas fôrmas forradas com a massa e cubra com os círculos de 10 cm.

4

Para unir as tampas às bases, pressione com um garfo por todo o contorno dos círculos. Com os restos de massa, pode recortar números ou letras para decorar. Pincele as tortinhas com ovo e coloque um número ou uma letra em cada uma. Leve ao forno preaquecido a 180 ºC, até que estejam bem douradas.

SNACKS SAUDÁVEIS 59

SNACKS SAUDÁVEIS

Espetos de Frutas

• PARA 6 ESPETOS •

INGREDIENTES

• 1 melão grande
½ melancia grande
100 g de mirtilos
250 g de morangos

CALDA DE CHOCOLATE

• 200 g de chocolate
• 200 cm^3 de creme de leite

1

Corte o melão e a melancia em rodelas.

2

Em seguida, faça corações e estrelas com cortadores.

62 SNACKS SAUDÁVEIS

🔥 passo 3

3

Para preparar a calda, pique o chocolate e coloque-o em uma tigela. Em uma panela pequena, esquente o creme até o ponto de ebulição. Retire-o do fogo e despeje-o sobre o chocolate picado. Deixe descansar por 3 minutos e misture.

4

Acrescente o melão, a melancia, os mirtilos e os morangos nos palitos de espeto, intercalando-os. Sirva os espetos em um prato com a calda de chocolate em uma tigela, para que todos possam molhar os espetos nela.

SNACKS SAUDÁVEIS 63

SNACKS
SAUDÁVEIS

Barrinhas
DE
CEREAL

• PARA 8 BARRINHAS •

INGREDIENTES

• 3 tâmaras sem caroço
• 100 g de nozes
• 100 g de aveia
• 50 ml de azeite
• 50 g de açúcar mascavo
• 100 g de gotas de chocolate
• 50 g de mirtilos secos
• 20 g de mel
• Papel-manteiga para forrar a fôrma

1

Processe as tâmaras e as nozes. Retire a mistura, acrescente a aveia e reserve.

2

Misture o azeite com o açúcar mascavo e acrescente-os à mistura que estava reservada. Em seguida, misture as gotas de chocolate, os mirtilos, o mel e misture tudo bem.

66 SNACKS SAUDÁVEIS

passo 3

3

Em uma fôrma de 30 x 40 cm forrada com papel-manteiga, espalhe a mistura pressionando muito bem e leve-a ao forno a 180 ºC durante 40 minutos.

4

Enquanto ainda estiver quente, corte retângulos de 4 x 10 cm e deixe esfriar. Você pode mantê-los em potes herméticos durante uma semana.

SNACKS SAUDÁVEIS

AGRADECIMENTOS

MY TEE PEE PARTY
@myteepeeparty

PIOPPA
@pioppaoficial

BOSCO
@bosco.com.ar

LITTLE AKIABARA
@littleakiabaraoficial

REINA BATATA
@reinabatataoficial

PAPELES DE REGINA ILUSTRACION
@_regina_ilustracion